AF602177

A LA MÉMOIRE

DE

MARIE-PAULINE DAVELUY

EN RELIGION

Mère MARIE BORGIA des Sacrés-Cœurs

SUPÉRIEURE GÉNÉRALE

DES

Religieuses des Sacrés-Cœurs de Jésus et de Marie

DITES DE LOUVENCOURT

DÉCÉDÉE LE 1er AOUT 1884

ARRAS

IMPRIMERIE DE LA SOCIÉTÉ DU PAS-DE-CALAIS

P.-M. LAROCHE, DIRECTEUR

Rue d'Amiens, 41-43

—

1887

A LA MÉMOIRE D'UNE SŒUR CHÉRIE

SA VIE DANS LA FAMILLE. — SA VIE EN RELIGION.

PREMIÈRE PARTIE.

Marie-Pauline Daveluy naquit à Amiens le 8 Novembre 1816. Ses parents étaient de la race de ces antiques chrétiens, aux héroïques sentiments, aux nobles et fortes vertus. Pauline était la seconde des quatorze enfants que le Seigneur accorda à M. et à Mme Daveluy, et parmi lesquels Il se choisit trois Vierges pour être ses Épouses, et deux Ministres de ses Autels.

Au moment de sa naissance, la petite Pauline était d'une délicatesse de complexion telle, que le médecin, alarmé, la baptisa le jour même, sur le lit de sa mère. Cette constitution chétive, Pauline la conserva toute sa vie, et souvent, elle souffrait grandement, de choses auxquelles toute autre personne eût été insensible.

Ce fut dans la maison de son aïeul paternel

qu'elle passa sa première enfance, avec une de ses sœurs, Thérèse, qui fut plus tard Religieuse du Sacré-Cœur, et un de ses frères, Antoine, son compagnon et son confident, qui devint le prêtre pieux, le zélé missionnaire et généreux martyr dont Amiens garde si chèrement la mémoire [1].

Quand approcha le moment de la première Communion de Pauline, ses pieux parents confièrent son éducation à Mlle Herbert, vénérée de tous.

Pauline, d'une nature aimante, d'une intelligence et d'un jugement exceptionnels, d'une piété extrême, d'une rare candeur, reçut facilement l'empreinte des sentiments de sa digne et méritante institutrice. Elle fit sa première Communion avec une piété et une innocence qui ravirent tous ceux qui l'entouraient. Cinq jours après, elle recevait, des mains de Monseigneur de Chabons, le sacrement qui fait les forts et donne le Saint-Esprit.

[1] Aussitôt après le départ d'Antoine pour la Chine, Pauline avait rédigé une petite notice sur les premières années de son frère ; et quand, à la mort de leurs vertueux parents, religieusement attendue selon le désir formel de leur modestie, M. Salmon fut, en 1874, chargé d'écrire la vie de Mgr Daveluy, Mère Marie-Borgia, plus que tout autre, inspira et éclaira ce travail, grâce aux documents rassemblés par sa tendresse de sœur et aux souvenirs si exacts et si présents de leur commune jeunesse.

Désormais, elle entrait dans la vie vraiment chrétienne. Elle s'y développait tous les jours, et l'on pouvait réellement dire d'elle, qu'à l'exemple du Sauveur, elle croissait en science, en sagesse et en grâce, devant Dieu et devant les hommes.

Toujours la première dans ses classes, à quinze ans elle avait terminé ses études, et rentrait au foyer paternel, où elle commença, toute jeune encore, cette vie de dévouement qui a été la sienne jusqu'à sa dernière heure.

Alors déjà, se manifestait la piété solide et éclairée, la simple et forte vertu qui la distinguait.

Mme Daveluy, trop absorbée par les soins que réclamaient ses plus jeunes enfants, confia à Pauline la grande mission de l'éducation de ses frères et sœurs : tâche difficile et délicate, dans laquelle elle montra une sagesse et un jugement au-dessus de son âge. La bonté de son cœur, jointe à une sage fermeté, la faisaient aimer et respecter ; et, jusqu'à la fin de sa vie, elle fut pour tous un conseil, un appui, une amie, une mère.

Mais, au milieu de ce doux apostolat qu'elle exerçait dans la famille, la voix du Seigneur se faisait entendre à son cœur, et elle souhaitait, pour unique grâce, de tout quitter, pour se consacrer à Lui.

La présence de Pauline était cependant grandement utile et douce au foyer; et la laisser s'éloigner devait être un immense sacrifice, car déjà sa sœur aînée avait quitté la maison paternelle pour le cloître.

Mais, ses parents étaient trop chrétiens pour refuser à Dieu cette seconde fille qu'Il leur demandait... Pauline partit donc, à l'âge de vingt-quatre ans, pour se rendre au noviciat des Dames du Sacré-Cœur, à Conflans.

Elle entrait avec ardeur et générosité dans la voie qui lui était ouverte ; mais sa santé si frêle déclinait de jour en jour et manquait à son courage.

Il y avait environ un an qu'elle était au noviciat, quand il lui survint une maladie grave qui la conduisit aux portes du tombeau ; et elle était mourante, lorsque les Dames du Sacré-Cœur la remirent aux mains de son digne père, qui avait été prié par la supérieure de venir reprendre sa fille.

La maladie céda aux soins affectueux dont Pauline fut entourée, au sortir de Conflans ; mais au lieu de retourner à Amiens, elle resta à Paris, où elle fit un assez long séjour chez une sœur de son père, Mme Dubois ; se tenant ainsi à proximité de son cher couvent, où elle espérait rentrer aussitôt qu'elle serait entièrement guérie.

Mais la vénérable Fondatrice, Mme Barat, ne lui ayant laissé, malgré ses vives instances, aucun espoir de voir ce désir se réaliser jamais, Pauline rentra à la maison paternelle, où elle prit et conserva toujours les vêtements et les allures d'une personne qui n'est pas du monde. Dans la famille, la joie de la retrouver était aussi grande que profonde était sa douleur de n'avoir pu suivre la Vocation sainte qu'elle désirait de tous ses vœux. Les plus jeunes de ses frères et sœurs ne comprenaient rien à ses larmes : « Pourquoi pleure-t-elle ? disaient-ils, nous sommes si heureux de la revoir ! » En effet, ils n'avaient su s'habituer à son absence, et le vide qu'avait laissé son départ n'avait jamais été comblé.

Quelques années après ce retour, l'âge de Pauline lui permettant une certaine liberté, M. et Mme Daveluy crurent pouvoir accéder au désir de leur fille, qui sollicitait, depuis longtemps, la permission de n'être plus accompagnée dans la visite des pauvres, et par suite de pouvoir s'occuper davantage des œuvres qui doivent leur apporter secours et soulagement. Elle était bénie et vénérée d'eux tous ; et le souvenir de sa charité, de sa vertu survécut à l'absence, dans leurs cœurs reconnaissants. Le jour où l'on conduisait à sa dernière demeure leur ancienne bienfaitrice, on les vit se porter en masse sur le passage du funèbre cortège ; et se dire entre eux, avec attendrissement : « C'est la sainte qui nous a fait tant de bien !... »

C'était à la campagne surtout que s'exerçait son zèle. D'abord à Duisans, où, depuis son enfance, elle allait passer les vacances chez ses grands parents ; et plus tard, à Bergicourt, où M. et Mme Daveluy habitaient chaque année, une partie de l'été.

Pauline commença, parmi les habitants de ce pays, un apostolat qui devint bien fécond.

Elle s'occupait des jeunes filles et des enfants, et par eux, arrivait aux parents. Elle attirait cette jeunesse par de petites réunions intéressantes où l'on apprenait de beaux cantiques, où l'on s'occupait des décors pour l'église ; elle distribuait des médailles de la Sainte Vierge, des chapelets, etc... Elle prêtait de bons livres, achetés de ses économies, et qui étaient lus dans les familles du village, pendant les veillées d'hiver. Enfin, il n'est sorte de petites industries qu'elle n'employât, pour tâcher de faire du bien à tous... Aussi, son arrivée était saluée avec joie dans tout le village, où chacun se faisait fête de la revoir.

Auprès de tous, elle était puissante ; on l'aimait et on la respectait ; ses paroles étaient des ordres, chacun écoutait religieusement ses conseils ; et les moins chrétiens eux-mêmes se faisaient une gloire de suivre la voie qu'elle indiquait.

En maintes occasions, le Curé du pays eut recours à l'influence qu'exerçait Pauline ; et, plus d'une fois, là où le bon et digne Prêtre avait échoué, malgré tout son zèle, il eut la joie de voir ces cœurs rebelles à ses exhortations, devenir souples et dociles à la douce et persuasive parole de celle qu'ils vénéraient.

Si Pauline s'employait avec tant de zèle auprès des malades et des nécessiteux, si le sort des membres souffrants de Jésus-Christ occupait si vivement son cœur, il est aisé de comprendre qu'avant tout, elle pensait à Celui qu'elle aimait et servait dans les pauvres, et qu'elle faisait sa plus chère occupation de travailler à l'embellissement et à la décoration des autels. Tous ses moments de loisir étaient consacrés à la confection de bouquets, d'ornements, de broderies pour l'église. Elle aimait à organiser de belles fêtes, des chants solennels en plusieurs parties, des illuminations splendides ; elle savait, à cet effet, mettre à contribution les aptitudes et les talents de ses frères et sœurs, toujours heureux de l'aider et de la seconder dans ses pieux projets.

C'est surtout au moment de la restauration de l'église de Bergicourt que Pauline fit éclater son zèle pour le temple du Seigneur. La pauvre église était si délabrée ! les autels vermoulus, la voûte lézardée, les ornements fanés : tout était misérable.

Le curé souffrait de cet état de choses ; et, fort du concours assuré de la famille Daveluy, il entreprit de faire réparer sa vieille église. Grâce à son généreux dévouement, grâce surtout au zèle de ses braves paroissiens, stimulés et encouragés par l'exemple de M. et Mme Daveluy, le bon prêtre eut la joie de voir relever en peu de temps la maison de Dieu.

L'ancien maître-autel, tout pourri et tombant de vétusté, ne pouvait décemment prendre place dans l'église restaurée : Pauline, à force d'économies, de quêtes, de pieuses industries, parvint à le remplacer. Elle le fit exécuter, peindre et décorer, et ne se donna pas de trève qu'elle ne fût arrivée à procurer au Divin Hôte de l'Eucharistie une demeure moins indigne de Lui.

Elle s'occupa ensuite de l'autel de la Sainte Vierge, où l'on érigea l'Archiconfrérie du Très Saint et Immaculé Cœur de Marie, dévotion si chère au cœur de Monseigneur Daveluy, et par laquelle il obtenait tant de grâces et de conversions.

Les braves habitants de Bergicourt se rappellent encore avec émotion les belles et pieuses fêtes que l'on multipliait à cette époque.

Douze années s'écoulèrent ainsi pour Pauline, dans l'exercice des bonnes œuvres ; elle vivait heureuse et tranquille auprès de ses dignes parents et de deux des plus jeunes enfants de la famille, que Dieu destinait aussi à son saint service.

Mais cet appel de Dieu, qui s'était une fois fait entendre à son cœur, n'avait pas cessé d'y retentir : elle nourrissait toujours en son âme le désir de se consacrer entièrement à Dieu ; désir auquel le mauvais état de sa santé restait un obstacle insurmontable.

En 1853, par le zèle pieux du digne Évêque d'Amiens, Monseigneur de Salinis, furent rendus à sa ville et au diocèse, les restes vénérés de sainte Theudosie. Pauline, animée de cette foi qui obtient les miracles, profita de cette circonstance solennelle, pour demander à Dieu, par l'entremise de la sainte Martyre, qu'Il daignât lui redonner la santé nécessaire pour suivre l'attrait divin.

Le Seigneur, touché des prières, des larmes et de la persévérance de sa fidèle servante, l'exauça enfin..... Le jour même de la solennité de la Translation, malgré l'extrême fatigue des préparatifs grandioses de cette belle fête, fatigue qui devait naturellement la rendre plus malade, la fièvre la quitta subitement, pour ne plus revenir.

Pauline garda d'abord pour elle seule le secret de sa guérison ; mais, quelque temps s'étant écoulé dans cet état satisfaisant, elle songea aux moyens de réaliser le plus cher de ses vœux. Et, ayant obtenu l'assentiment de ses respectables parents, le 18 Novembre 1854, elle quitta pour la seconde fois la maison paternelle, pour commencer, à l'âge de 38 ans, un noviciat dans la Communauté des Religieuses des Sacrés-Cœurs de Jésus et de Marie, dites de Louvencourt.

Il serait difficile d'exprimer les regrets, la douleur et les larmes de sa famille, de ses amis, de tous, à la nouvelle de ce départ... Elle était tant aimée !...

Ses frères et sœurs surtout, qu'elle avait élevés presque tous, et qui la chérissaient comme leur mère, s'étaient habitués à sa chère présence au foyer paternel ; il semblait que jamais elle ne devait s'en éloigner ; et chacun avait le doux espoir qu'on l'y trouverait toujours, et que ce serait près d'elle qu'on viendrait se grouper, se réunir, quand le Seigneur aurait rappelé à Lui le père et la mère de famille.

Cependant on se consolait encore dans l'espoir de la voir revenir, lui supposant plus de courage que de forces. Mais, le Seigneur, qui la voulait pour Lui, maintint la santé qu'Il lui avait rendue, jusqu'à ce que Pauline fût engagée par les saints vœux...

Alors seulement, Il la fit rentrer dans cette voie douloureuse dont elle n'est plus jamais sortie.

SECONDE PARTIE.

Le 31 Mai 1855, Pauline revêtit le saint habit de la Religion, sous le nom de Sœur Marie Borgia des Sacrés-Cœurs ; elle prononça ses premiers vœux le 2 Juillet 1856, et ses vœux perpétuels le 22 Septembre 1861, en la fête de Notre-Dame des Sept Douleurs.

Son noviciat même n'était pas terminé, lorsqu'elle fut désignée pour faire partie de la petite colonie de religieuses, que Monseigneur Boudinet avait demandées, avec instances, à la Mère Saint Bernard, pour continuer à Roye, une maison d'éducation que les Ursulines étaient sur le point de fermer.

Les commencements furent pénibles et difficiles, car on reprenait un pensionnat en souffrance, où l'on n'obtenait qu'avec de grands efforts un peu d'ordre et de discipline ; puis, la nouvelle Communauté était pauvre, peu nombreuse : dans ces conditions, c'était un avantage inappréciable que d'avoir un sujet comme Sœur

Marie Borgia, d'une capacité vraiment rare et d'un dévouement à toute épreuve.

Que de fois on l'a vue, au sortir des classes, dont elle dirigeait toutes les études, venir en aide à la pauvre sœur cuisinière, remplacer un ouvrier, s'occuper des fêtes, des décors, etc... se multipliant, se dépensant, malgré son peu de force et sa santé si chancelante.

Le pensionnat, en raison du triste état où on l'avait trouvé, était, on le comprend, très difficile à diriger. Sœur Marie Borgia ne tarda pas pourtant à conquérir l'estime et l'affection de toutes les enfants, sur lesquelles elle prit, par suite, un grand ascendant.

Les élèves, captivées par son enseignement tout à la fois sérieux et intéressant, attirées par sa bonté, sa patience, sa douce fermeté ; charmées par l'affabilité et la gaieté qu'elle mettait à animer leurs jeux et leurs récréations, s'attachèchèrent profondément à cette maîtresse vénérée. Longues années ont passé depuis ces temps heureux de leur enfance ; mais elles n'ont pas oublié celle dont la grande et simple vertu avait ravi leurs jeunes âmes.

Ce fut pendant ce séjour à Roye, que Mère Marie Borgia eut, pour partager ses travaux et ses fatigues, sa sœur, sœur Marie Emmanuel. Ces jours si doux, trop tôt écoulés, sont restés un cher et intime souvenir pour l'un et pour l'autre de ces deux cœurs, si bien faits pour se comprendre, et à qui cette consolation de la vie ensemble a été si rarement accordée.

Au mois de septembre 1862, Mère Saint Bernard, sentant sa santé s'affaiblir et ses forces diminuer, rappela auprès d'elle Sœur Marie Borgia, dont elle fit sa secrétaire particulière, qu'elle nomma première Assistante, et à qui elle donna en même temps la direction du Noviciat, charge importante qu'elle remplit avec un dévouement et une sagesse rares. Celles qui ont été formées à ses douces leçons, redisent encore, non sans une vive émotion, la sage fermeté, la maternelle compatissance, la solide vertu, l'esprit profondément religieux de leur chère Maîtresse, qui les conduisait si droitement et si suavement à Dieu.

Le grand but de Mère Saint Bernard, en rappelant Mère Marie Borgia à la Maison Mère, était de la mettre au courant de tout ce qui concernait la Congrégation, dont elle désirait (elle ne s'en cachait pas) lui laisser plus tard la direction.

Disons, en passant, que c'est à Mère Marie Borgia qu'on est redevable de la rédaction et mise en ordre des écrits de la sainte Fondatrice de l'Institut.

Mlle de Louvencourt, âme si pure et en même

temps si humble, n'avait pas écrit pour l'impression ; mais ses premières filles avaient recueilli, avec un soin religieux, les plus petits conseils, les moindres fragments d'instructions, confiés au papier ; dans ces lignes admirables, pleines de la science des Saints, il y avait un trésor pour les âmes religieuses appelées à suivre la voie d'amour et de sacrifice où avait marché leur Sainte Mère. Coordonner, compléter ces écrits, et en former un tout, était un long et délicat travail à faire. Ce travail, Mère Marie Borgia l'entreprit, outre la besogne considérable que lui donnaient les affaires courantes de la Communauté et les occupations multiples de ses diverses charges. Quelques années après, les écrits de Mlle de Louvencourt pouvaient être mis entre les mains de chaque religieuse.

Plus que toute autre du reste, Mère Marie Borgia eut toujours à cœur de faire connaître et goûter les sublimes enseignements, l'esprit si suave et si profondément religieux de notre sainte Fondatrice, car plus tard, alors que la charge de Supérieure Générale ne lui laissait aucun loisir, on la verra, quand même, s'occuper encore de ces écrits, en faire extraire les plus saillantes pensées et les réduire en maximes qu'on pût répandre facilement.

Il n'y avait pas encore sept ans que cette

chère Mère était revenue à Amiens, lorsqu'elle le quitta de nouveau pour aller à Dunkerque, comme Supérieure, remplacer la bonne et regrettée Mère Saint-Alexandre.

La nouvelle Supérieure fut rapidement appréciée dans cette ville : les éminentes qualités de son esprit, la bonté de son cœur, l'élévation et la distinction de ses sentiments lui gagnèrent littéralement tous les cœurs. Au dedans et au dehors chacun l'aimait, la vénérait : cet état de choses ne devait, hélas ! pas durer longtemps...

Un an s'était à peine écoulé, et déjà Mère Marie Borgia devait reprendre le chemin d'Amiens, où la demandait de nouveau la Supérieure Générale, dont la santé était grandement altérée, et qui désirait avoir auprès d'elle, pour l'aider et la suppléer, celle qu'elle appelait son bras droit, et dont le dévouement ne lui fit jamais défaut.

Ce fut une vive peine pour Mère Marie Borgia que de devoir quitter Dunkerque ; il lui semblait que le Seigneur y bénissait ses efforts, pour le faire connaître et servir, et elle en était heureuse. Mais la jouissance, même la plus désintéressée et la plus pure, ne devait jamais être son lot, ici-bas... Par contre, cette vie qu'elle va retrouver à Amiens sera pour elle l'occasion de bien grands sacrifices ; mais aussi de bien grands mérites et d'admirables vertus !

A son retour à la Maison Mère, Mère Marie Borgia reprit ses fonctions de première Assistante, Maîtresse des Novices et Maîtresse de santé. Cette dernière charge la mettait continuellement en contact avec les religieuses souffrantes, auxquelles elle se dévouait grandement. La petite vérole sévissant alors et faisant partout de grands ravages, Mère Saint-Bernard, par mesure de prudence, désira que Mère Marie Borgia fût revaccinée. Celle-ci y avait grande appréhension, et ne s'y résigna que par condescendance.

Elle était à ce moment bien fatiguée, et sa santé venait d'être fortement troublée par les pénibles et cruelles émotions qu'elle avait éprouvées à la mort de son digne père, enlevé tout récemment à la tendresse des siens. Mère Marie Borgia était donc dans un état peu propre à supporter une secousse quelconque. Neuf jours après qu'elle avait été revaccinée, elle était à écrire, quand tout à coup un nuage lui passa sur les yeux... Elle crut avoir complètement perdu la vue ; c'était une congestion qui s'était formée et avait entièrement éteint l'œil gauche, et la santé entière de cette chère Mère était en danger.

De longs et cruels mois se passèrent pour elle dans de grandes souffrances physiques et surtout morales, causées par l'inaction complète dans laquelle elle devait rester, ne pouvant plus ni lire, ni écrire, ni même travailler. Les soins dont elle fut entourée, le repos forcé qu'elle dut s'imposer, amenèrent peu à peu un mieux bien désiré dans l'état de cette précieuse santé ; mais, à partir de cette époque, toujours Mère Marie Borgia dut prendre de grands ménagements pour sa vue, sans cesse menacée.

TROISIÈME PARTIE.

En l'année 1873, le 21 Août, la Mère Saint-Bernard succombait à la longue maladie qui la minait depuis huit mois ; et, cinq semaines plus tard, le 27 Septembre 1873, les élections confiaient à Mère Marie Borgia la direction de la Congrégation, dont elle resta la Supérieure Générale jusqu'au jour où le Seigneur la rappela à Lui.

Nous n'entreprendrons pas de raconter ici tous les travaux que fit Mère Marie Borgia pendant son temps de supériorité : qui a connu son activité, son dévouement, le peut deviner. Toujours occupée du bonheur de ses Filles et du bien de la Congrégation, elle ne se donnait pas de relâche. On sait notamment avec quel cœur elle entreprit les travaux et les démarches nécessaires pour obtenir de Rome l'approbation des Constitutions de l'Institut ; mais elle n'eut pas la consolation de voir bénir ce travail, car le Souverain Pontife Pie IX, de sainte mémoire, mourut au moment où il lui allait être présenté par Monseigneur Bataille, Évêque d'Amiens.

Que de fois, du reste, notre Mère vénérée fut à la peine, au labeur ; mais n'eut pas la consolation de jouir du succès !...

Ses onze années de supériorité furent onze années de souffrances et de croix, par les peines, les difficultés qui surgissaient de toutes parts ; et peu d'âmes fussent restées fidèles au poste, dans ces moments si pénibles. A une administration déjà très chargée vint se joindre, pendant son gouvernement, la complication des vexations et difficultés créées aux Congrégations religieuses. Certainement, Mère Marie Borgia, plus que toute autre, était une sauvegarde pour sa Communauté : elle était si aimée, si estimée dans Amiens ! Son nom seul inspirait le respect, même aux esprits les moins disposés en faveur de la Religion ; mais, il y avait néanmoins de graves difficultés et de poignantes inquiétudes pour l'avenir.

Au milieu de ces peines et de ces fatigues, notre sainte Mère restait toujours bonne, égale à elle-même, et s'occupait de tout et de tous, avec une sollicitude maternelle.

Ses Filles malades la voyaient, à leur chevet, les consolant, les encourageant, veillant elle-même à ce qu'on les entourât de soins et d'attentions.

Les élèves du pensionnat, qui la vénéraient comme une sainte et l'aimaient comme une mère, étaient tout heureuses de la voir, malgré ses graves occupations, ses soucis sans nombre, s'occuper avec un touchant intérêt de leurs études, de leur conduite, de leurs progrès dans la vertu, et même de leurs jeux.

Les enfants pauvres, les indigents, la bénissaient et se sentaient soutenus et encouragés par l'affection qu'elle leur témoignait, et dont elle leur donnait sans cesse des preuves marquées.

Les cœurs affligés, ceux qui avaient besoin de conseils, venaient la trouver pour être éclairés et guidés.

Cette vie si fatigante et surchargée, ces incessantes préoccupations n'altéraient en rien la douce mansuétude, la calme bonté de notre Mère ; son accueil était toujours affable, son abord toujours plein de douceur. Son cœur, qui avait le secret des délicates attentions, était toujours prêt à fortifier et à consoler ; et son âme, incessamment unie à Dieu, avait toujours une parole de foi, pour relever les courages abattus.

Quel était donc le secret de cette inaltérable patience et de cette bonté ineffable ? Cette vertu constante, elle la puisait dans l'amour de Dieu et des âmes qu'Il lui avait confiées.

Dans les écrits de notre vénérée Mère, tout respire cette charité ardente qui remplissait son cœur.

Au moment de la Rénovation des Vœux, nous la voyons envoyer à ses Filles des diverses maisons, ces lignes toutes pleines de l'amour de Dieu : « Mes chères et bien-aimées Filles, nous « entrons dans ces saints jours de préparation à « la Rénovation des Vœux que nous avons faits « au Bon Dieu : heureux liens, précieuse consé- « cration, que toutes nous avons faite avec tant « de bonheur et dont le renouvellement nous « remplit de joie.

« Sans doute, c'est un bonheur d'être Épouse « de Jésus, c'est un bonheur de lui redire ses « serments, c'est un bonheur de le recevoir en « ce jour comme un cachet sur notre cœur, pour « y conserver ce Jésus tout seul.

« Mais, ce bonheur demande de nous une cor- « respondance tout amoureuse ; et l'amour ne « peut rester sans agir. Si nous aimons, mon- « trons-le donc par nos œuvres : l'amour, ce « n'est pas un sentiment, c'est une volonté. Il « aime, celui qui sait agir, souffrir, mourir pour « l'Objet aimé !...

« Ne nous trompons pas : lorsque nous som- « mes heureuses au pied du Tabernacle, ce n'est « pas une preuve d'amour; mais lorsque, sans sen-

« timent aucun, nous savons préférer les intérêts « de Dieu aux nôtres, nous sacrifier, nous immo- « ler pour Jésus, c'est là l'amour vrai, l'amour « pur, l'amour réel, l'amour dont Jésus nous a « aimés.

« Mes chères Filles, que notre amour du Cœur « de Jésus soit pratique : en aimant Jésus, imi- « tons-le toujours, et que nos cœurs soient vrai- « ment formés sur ce modèle divin, auquel nous « nous sommes consacrées ; et qu'avec une « reconnaissance toujours nouvelle, nous venions « nous consacrer de nouveau dans tout l'amour « et toute la joie de nos cœurs. C'est là mon vœu « le plus cher, mes bien-aimées Filles, car je « ne désire pour vous que l'augmentation de « l'amour, et c'est à quoi tendent tous mes « efforts. »

Plus tard, en janvier 1884, elle leur écrivait :

« Pour que cette année soit méritoire, il faut « surtout nous appliquer à la fidélité aux petites « choses. Cette pratique demande beaucoup « d'amour, dit notre Sainte Fondatrice, et nous, « nous devons être dans l'Église des Religieuses « d'amour, c'est là notre place, pour le temps « et pour l'Éternité...

« Examinons souvent si nous avons pratiqué « tous les actes de vertu que le Bon Dieu nous « a donné l'occasion de pratiquer dans la jour-

« née ; car on dit quelquefois (disait encore « notre Sainte Fondatrice) : « Il faut bien faire « quelque chose pour le Bon Dieu ; » et moi, je « vous dis : « Faites tout pour Dieu... »

Ces lignes furent les dernières qu'elle adressa à ses chères Filles, qui les conservent religieusement comme un cher et précieux souvenir.

Et si nous cherchons dans ses notes de Retraites, qui révèlent si bien cette âme d'élite, qu'y trouvons-nous? Sinon toujours l'amour dévoué, avide de sacrifices ; l'amour qui s'oublie, pour ne songer qu'à Dieu et aux âmes. Que de pages nous en pourrions citer ! mais il faudra nous borner.

En 1869, elle écrit : « Je me rappelle le temps « où je disais au Bon Maître : Mon Dieu, s'il y « avait sur la terre un état où je pusse davan- « tage me sacrifier pour Vous et Vous témoigner « plus d'amour que la vie religieuse, vous le sa- « vez, je ne balancerais pas : Notre-Seigneur a « accepté mon offrande ; et cet état d'immola- « tion que mon cœur désirait, Dieu me l'a donné, « en m'imposant les charges ; les charges, sans « pouvoir y faire le bien que je désire, et pour « lequel je me laisserais broyer toute vive....

« Aujourd'hui, cette immolation effraie mon « âme ; mais, je redis cette parole : Si c'est votre « volonté, mon Dieu !... Et je m'offre à Notre-

« Seigneur, tout entière, sans réserve, sans cal-
« cul, sans restriction. Qu'Il fasse de moi, en
« moi, par moi, tout ce qu'Il voudra. »

Cette croix des charges, Notre Mère vénérée dut la porter longtemps, toujours ; et elle lui devint bien plus pesante, quand le suffrage de toute la Congrégation l'en fit Supérieure Générale. C'est alors que nous la voyons cherchant plus encore à encourager son âme par des vues de foi et d'amour. Elle écrit :

« En tout, et toujours, élever mon regard vers
« Dieu : prendre confiance en Lui. » Et ces autres paroles, qui sont si bien l'expression de ses plus intimes sentiments : « Je veux vivre uni-
« quement de la volonté de Dieu, la chercher en
« toutes choses...... Je compterai pour rien ma
« souffrance et ma peine, pour aider les
« âmes..... »

Oui, elle comptait pour rien le labeur et la peine, elle ne s'épargnait jamais; et par cette voie de tribulations et de croix, son âme s'élevait à Dieu si purement, se sanctifiait si grandement, que ses Filles souvent disaient : « Notre Mère
« devient trop sainte, cela nous effraie...... »
Ah ! elles pouvaient s'effrayer, car l'heure de la récompense, mais aussi de la séparation, approchait.

L'année 1884 venait de commencer ; Mère

Marie Borgia se dépensait comme toujours, travaillant, veillant à tout; mais, épuisée de dévouement et de fatigue, elle s'affaiblissait visiblement, et bientôt on put prévoir le dénoûment cruel qui se préparait.

Espérant que le repos et l'air pur de la campagne remettraient un peu sa santé détruite, elle partit pour Doullens. Là, elle fut entourée des soins les plus tendres par sa sœur, Mère Marie Emmanuel, alors Supérieure de cette maison.

La malade restait fort souffrante, et l'on avait le cœur navré d'inquiétude en la voyant si faible. Pourtant, au bout de quelque temps, le calme, l'air doux et bon, semblaient ranimer un peu ses forces; il y avait certainement un léger mieux dans son état, quand on la rappela à Amiens. C'était trop tôt... beaucoup trop tôt : chacun le pensait, et insistait pour qu'elle prolongeât encore un peu son séjour à Doullens. Notre Mère elle-même ne se faisait pas illusion : elle sentait que, retourner à Amiens sans être remise, c'était retomber dans un état de souffrance qui ne ferait qu'empirer; mais elle crut de son devoir de partir : le devoir était son unique loi; et nulle considération, nulle prière, ne purent la retenir.

Comme on devait s'y attendre, à peine fut-elle revenue à la vie fatigante d'Amiens, qu'elle redevint beaucoup plus malade et commença à éprouver ces douleurs aiguës qui ne l'ont presque plus quittée jusqu'au dernier jour.

Au mois de mai, quoiqu'elle se sentît bien malade, Notre Mère résolut de partir pour Dunkerque, parce qu'elle considérait comme un devoir d'y aller ; les médecins espéraient qu'elle y trouverait une amélioration à son état ; mais ses souffrances ne firent qu'y augmenter ; et elle s'en revint bientôt, non plus à Amiens, qu'elle ne devait plus revoir, mais à Saint-Acheul, où elle trouvait plus d'air et aussi plus de calme, tout en pouvant s'occuper des affaires de la Congrégation, qu'elle dirigea jusqu'aux dernières heures de sa vie.

Après le retour de Dunkerque, il y eut quelques alternatives de mieux dans la santé de notre tant aimée Mère ; quand, au commencement de juillet, le dernier mois qu'elle avait à passer sur la terre, la paralysie qui devait finir par l'envahir tout entière, s'établit dans les jambes, ne lui laissant plus aucune liberté d'action. Elle ne pouvait bouger sans le secours de plusieurs sœurs ; et celles-ci, peu habituées au soin des malades, risquaient souvent, malgré leur attention dévouée, de la blesser gravement.

Les premiers moments de cette cruelle épreuve furent très durs et pénibles à notre Chère Mère : « J'avais bien accepté la souffrance, dit-elle

« alors ; mais je n'avais jamais pensé à l'infir-
« mité.... »

Puis, tout aussitôt, élevant son cœur vers Dieu, cette âme, habituée à accepter avec amour les croix que le Divin Maître lui présentait, n'eut plus que ces paroles, qui révèlent bien la perfection de sa foi et de son abandon à Dieu : « Mon Dieu, tout ce que vous voudrez, autant « que vous voudrez, aussi longtemps que vous « voudrez : chaque jour aura sa grâce. »

Oh ! oui, chaque jour avait sa grâce, grâce surabondante, comme Dieu la répand dans les âmes fidèles qui ne cherchent leur force qu'en Lui ! En effet, au milieu de la plus profonde souffrance physique et morale que causait à notre chère Mère cet état d'infirmité et de douleurs inexprimables, elle restait toujours également bonne, donnant à tous ceux qui l'approchaient le touchant spectacle d'une patience inaltérable, d'une douceur toujours aimable et d'un calme d'âme que rien n'ébranlait.

Malgré sa souffrance et sa grande faiblesse, elle gardait sa complète lucidité d'esprit, sa sûreté de vue habituelle et continuait à s'occuper de tout.

Se sentant très malade, elle mettait ordre peu à peu aux affaires dont elle avait la charge. Fidèle jusqu'au bout à ses exercices de piété, aux prières qu'elle s'était prescrites, ainsi qu'aux moindres observances de la Communauté, elle restait pour tous le modèle accompli de la perfection religieuse.

Que dire de ces dernières semaines de notre Mère, ici-bas ?... Elles furent l'écho de sa vie toute d'abnégation et d'amour.

Sa famille, qu'elle avait toujours tant aimée, pouvait la venir voir à Saint-Acheul plus facilement qu'elle ne l'eût pu à Amiens. Notre Mère s'en réjouissait ; elle avait veillé sur les siens avec une sollicitude vraiment maternelle « et les aima jusqu'à la fin..., » donnant à chacun sages avis et témoignages d'affection.

Sa famille religieuse, au service de laquelle s'étaient usées ses forces et sa vie, était également l'objet de toute sa tendresse. Elle faisait appeler à son chevet celles de ses Filles qui avaient besoin d'un conseil, d'un mot d'encouragement ; prévoyait ce qui pouvait être sujet de peine et de difficulté, songeait même à leurs parents à chacune, ayant pour tous un mot d'affection.

Elle n'oubliait point ses chers pauvres, et profitait des heures d'insomnie, pendant lesquelles Mère Marie Emmanuel ne la quittait pas, pour lui donner les indications sur les indigents qu'elle protégeait, pensant surtout aux familles de ses chères Filles, qui avaient besoin de secours. Et, n'a-t-on pas vu cette Mère si bonne, songer à ses enfants de la classe des pauvres, jusqu'au dernier instant? Peu d'heures avant sa mort, alors qu'accablée par la fièvre et la souffrance, elle était déjà presque en lutte avec l'agonie, elle eut encore un souvenir pour ces pauvres petites filles, et fit remettre à leur maîtresse de beaux livres qu'elle leur destinait en prix.

Le 26 juillet, une crise plus grave vint augmenter les inquiétudes de tous ceux qui demandaient à Dieu, avec larmes, de ne pas rappeler encore cette Mère si aimée.

La mort avançait à grands pas; il fallait se préparer au sacrifice de la séparation et annoncer à la malade que la dernière heure approchait. M. l'abbé Daveluy et Mère Marie Emmanuel ne voulurent point laisser à d'autres cette mission si pénible pour leur cœur.. Leur parole trouva notre Mère, non seulement calme et résignée, mais heureuse, reconnaissante envers Dieu.

« Mon Dieu, s'écria-t-elle, avec un accent de « joie inexprimable, est-ce possible? Quel bon« heur! Je ne l'espérais pas pour si tôt!...

« Mais, c'est sur vous que je pleure, mes « pauvres enfants, ajouta-t-elle à ce frère et à « cette sœur qu'elle avait élevés, et dont elle

« était la seconde mère ; c'est vous qui auriez « encore besoin de moi, je vous étais un appui, « un soutien.... » Et elle se prit à pleurer, en songeant à l'immense douleur que leur ferait son départ.

Et eux, étouffant les sanglots qui soulevaient leur poitrine, tâchaient de se faire forts, pour la rassurer. Ils voulaient lui cacher les déchirements de leur cœur désolé, pour lui adoucir l'amertume de la séparation; mais qu'ils sentaient profondément la perte irréparable qu'ils allaient faire !...

Quelques heures plus tard (28 juillet), on procédait aux saintes cérémonies de l'Extrême-Onction. M. Daveluy vint administrer à sa sœur ce Viatique du dernier passage.

Réunissant ce qui lui restait de forces, notre Mère adressa à ses Filles les plus touchantes recommandations, les conjura de veiller à conserver l'union, la charité, l'esprit si religieux de notre Fondatrice ; les pressa de travailler avec amour au salut des âmes, et leur fit ses suprêmes adieux, en leur donnant rendez-vous au ciel, dans le Cœur du Divin Maître.

L'émotion était à son comble dans sa famille religieuse ; les sanglots, comprimés jusque-là, éclatèrent de toutes parts. Elle seule restait calme et conservait sa sérénité, son inaltérable douceur. Et jusqu'à la fin, tant que ses forces le lui permirent, elle donna à chacune un mot de foi et de tendresse.

Cette âme encore oublieuse d'elle-même, alors comme en toute sa vie, n'exprimait qu'une peine : celle de laisser les chères âmes auxquelles elle se dévouait, et que sa mort allait affecter si profondément.

Le lendemain de l'Extrême-Onction, deux bonnes sœurs de Charité, qui venaient voir notre Mère, lui demandèrent si elle était remise des émotions de la veille ? « Des émotions, répliqua-« t-elle ? Et de quoi ?... De ce que le Bon Dieu « veut bien m'appeler à Lui ? Ah ! j'en suis trop « heureuse et contente. »

Cependant, les jours s'écoulaient, calmes, mais pénibles ; le 31 juillet, fête de saint Ignace de Loyola, après la sainte Communion, notre Mère sentit que l'heure dernière approchait, et, voulant prévenir Mère Marie Emmanuel, elle profita d'un moment où elle était seule avec elle, et lui dit, avec un sourire indéfinissable : « Il n'y a plus d'huile dans la lampe... »

L'avertissement fut compris... Il n'y avait rien à dire, si ce n'est le *fiat* de la soumission à la volonté divine ; mais qu'il était dur à prononcer ! Et quels brisements dans le cœur de celle qui était plus sa fille que sa sœur, ayant reçu ses soins et ses leçons dès sa plus tendre enfance.

Plus tard, dans la journée, Notre Mère lui dit encore : « Je n'ai pas peur du tout, je m'en vais « au Bon Dieu, comme à un Bon Père. »

Et ce calme, cette paix, ne se démentirent pas un seul instant, jusqu'à la fin.

Nul ne s'attendait à un dénoûment aussi prompt ; on était terrifié des rapides progrès du mal, et chacun eût voulu parler encore à cette Mère vénérée, l'entendre une dernière fois, et recevoir un mot de son cœur ; mais la congestion se formait peu à peu et la malade ne parlait plus qu'avec grande peine.

Vers dix heures du soir, l'agonie commença et dura, longue et douloureuse, jusqu'à deux heures du matin, heure à laquelle le Seigneur mit un terme aux souffrances de sa fidèle servante, la recevant, nous en avons la confiance, dans son Cœur Divin, pour lequel elle avait une dévotion si filiale et si tendre. C'était le 1er août 1884, premier vendredi du mois, jour spécialement consacré au Cœur de Jésus.

Dès que la mort de Mère Marie Borgia fut connue, on vit affluer à Saint-Acheul une foule de personnes de tout âge, de toute condition ; pauvres et riches, enfants et vieillards, tous approchaient avec respect de cette couche mortuaire et faisaient toucher à la défunte des chapelets, des médailles, des croix; on voyait qu'ils la vénéraient comme une sainte! Et le concours inouï de personnes accourues pour l'accompagner à sa dernière demeure dit assez, à lui seul, combien étaient grandes l'affection et l'estime de tous. Jamais, disait-on, Amiens n'avait vu pareil cortège.

Plus de quatre-vingts ecclésiastiques, présidés par Sa Grandeur Mgr l'Évêque d'Amiens, qui avait bien voulu faire l'Absoute, des enfants pauvres, les élèves du Pensionnat, venues malgré le temps des vacances, et portant vingt couronnes, hommages de souvenir et de reconnaissance; des indigents en grand nombre; des amis; une foule immense de tout âge et de toute société s'étaient joints à la famille, pour rendre un dernier hommage à cette chère Mère. Et dans cette foule émue, chacun redisait et ses vertus aimables, et ses rares qualités, et ses nombreux bienfaits répandus partout.

Ce qui suit est dû à la plume d'une des Religieuses à qui le Bon Dieu a fait la grâce de pouvoir assister aux derniers moments de cette Mère bien-aimée et prier pour elle jusqu'à la fin :

« Le soir du 31 juillet, le Révérend Père

« Gugolhs, qui était depuis longues années le di-
« recteur de Mère Marie Borgia, vint lui donner la
« dernière bénédiction. Notre Mère reçut le bon
« Père avec son habituel et doux sourire. Une
« des Religieuses présentes, touchée de ce calme
« ineffable à l'approche de l'heure suprême, en
« fit tout haut la remarque. Et le Révérend Père
« de répondre : « Comment ne serait-elle pas
« calme?... Elle n'a jamais eu que Dieu en vue...»
« — Ce simple mot du vénérable Religieux n'en
« dit-il pas plus que de longs éloges ?... N'avoir
« que Dieu en vue, c'est aller toujours droite-
« ment, noblement au devoir, en s'oubliant soi-
« même, pour ne chercher que la gloire de Dieu
« et le salut des âmes. Et ce fut bien là toute
« la vie de Notre vénérée Mère : âme d'élite et
« cœur tout de charité, elle n'eut, en effet, ja-
« mais que Dieu en vue.

« Et c'est dans cette constante vue surnatu-
« relle qu'il faut trouver le secret de sa longa-
« nimité envers la souffrance, de sa bonté indul-
« gente pour tous ; de son dévouement, que rien
« ne pouvait lasser ; de sa fermeté inébranlable :
« fermeté qui n'excluait pas la miséricorde, dont
« Dieu nous donne l'exemple et le précepte, ni
« l'indulgence pour l'infirmité et la faiblesse ;
« mais, fermeté vraie, la seule digne de ce
« nom, qui marche au devoir sans calculer. En

« effet, devant un devoir compris, devant la vo-
« lonté de Dieu connue, jamais une considéra-
« tion humaine, quelle qu'elle fût, ou la crainte
« du blâme ou de la souffrance, ne la firent hé-
« siter. Elle marchait au but avec une énergie
« droite et pure, que rien n'arrêtait.

« Nous tous qui l'avons connue, et qui avons
« eu le bonheur de vivre sous sa sainte et mater-
« nelle égide, ah ! que nous pouvons dire : Oui,
« elle n'eut jamais que Dieu en vue !... Son
« cœur noble et grand ne connut pas les peti-
« tesses, les calculs de l'amour-propre et de l'é-
« goïsme ; mais il s'éleva toujours vers Dieu, pu-
« rement et simplement.

« Les regrets et les larmes de chacun disent
« éloquemment combien étaient grands sa vertu
« et son dévouement. Son cœur maternel pour
« toutes, son esprit de paix et de conciliation, la
« rendaient une mère incomparable.

« On peut dire que le caractère distinctif de sa
« vertu fut la droiture, la bonté. Oui, par-dessus
« tout, notre Mère était bonne, de cette bonté
« délicate et élevée, qui s'oublie pour les autres,
« qui a mille attentions pour tous, qui pardonne
« toujours, et qui fait songer à la bonté infinie
« de notre Dieu.

« Notre Mère était bonne à tous : aux petits,
« aux faibles, à ceux qui l'avaient offensée, aux

« indigents qu'elle aimait d'un amour de prédi-
« lection et qu'elle secourait de tout son pouvoir.
« Quand elle allait visiter les classes d'enfants
« pauvres, à Amiens ou à Doullens, ces jeunes
« cœurs surabondaient de joie, et on voyait les
« visages s'épanouir, sous le bienveillant sourire
« d'une Mère dont on se savait tant aimé ! Que
« de fois et les Religieuses et les élèves se sont
« écriées : Si Notre Mère est si bonne, que doit
« donc être le Bon Dieu?

« Quant à l'abnégation, elle l'a portée jus-
« qu'aux dernières limites ; toujours occupée du
« bien des autres, sans tenir compte de sa souf-
« france ou de sa fatigue, ne prenant jamais le
« moment d'un repos, dont elle aurait eu besoin
« plus que tout autre, elle a sacrifié son temps,
« sa santé, sa vie, au bien de sa Congrégation
« et des âmes dont le Seigneur lui avait confié
« la garde.

« A ces grandes qualités de l'âme et du cœur,
« Mère Marie Borgia joignait les avantages
« d'une intelligence vive et élevée, d'un juge-
« ment droit et sûr qui la faisait propre au gou-
« vernement et rendait son conseil toujours pré-
« cieux.

« Esprit vraiment supérieur, cœur délicat,
« caractère noble et loyal, elle avait en partage
« tout ce qui charme et attire les cœurs.

« Ame élevée et profondément religieuse, « vertu solide et pleine de foi, humilité jointe « à l'amour dévoué, elle eut tout ce qui ravit « le Cœur de l'Époux divin qui l'a rappelée « à Lui et avait hâte de couronner sa fidé- « lité.

« Si, comme nous le disent les consolantes « assurances de la foi, la récompense du Ciel est « en proportion des souffrances chrétiennement « supportées ici-bas, que riche et belle doit « être la couronne de cette sainte Mère, à « qui Notre-Seigneur a donné si large part à « sa croix ! Part de prédilection, qu'il réserve « aux âmes dont Il connaît le généreux et iné- « branlable amour ; souffrance physique conti- « nuelle, d'un état toujours faible et maladif ; « souffrance morale, des peines, des contradic- « tions, des épreuves de tout genre : rien ne fut « épargné à cette sainte et fidèle Religieuse, que « son extrême délicatesse de sentiments rendait « tant faite pour souffrir beaucoup. En effet, si « les cœurs très délicats répandent autour d'eux « le bonheur et la joie, ils ont pour partage de « souffrir incomparablement plus que la plu- « part des humains.

« Les regrets qu'a laissés au cœur de ses Filles « la mort de cette Mère Vénérée sont si pro- « fonds, que le temps passe sans les diminuer ; et

« si jamais Mère n'aima plus ses Filles, jamais « aussi Mère ne fut plus aimée.

« Nous qui la pleurons, prions pour elle, c'est « notre devoir de reconnaissance ; mais bien « plutôt, prions-la ; car, nous en avons la douce « confiance, elle est au Ciel. Que de fois déjà « n'avons-nous pas ressenti l'influence bénie de « sa maternelle protection !?... Que cette Mère « bien-aimée veuille nous aider à marcher à sa « suite dans la vraie voie qui conduit à Dieu !...»

« Il y a tantôt deux siècles, venait de mourir, « chez les Carmélites de Paris, Mme de Bellefond, « ancienne Prieure du Monastère ; Bossuet, à cette « occasion, écrivait à Mme d'Épernon : « Nous ne « la verrons donc plus, cette chère Mère, nous « n'entendrons plus de sa bouche ces paroles « que la charité, que la douceur, que la foi dic- « taient toutes, et rendaient si dignes d'être « écoutées ! C'était une personne sensée, qui « croyait à la Loi de Dieu, et à qui la Loi était « fidèle ; la prudence était sa compagne, et la « sagesse était sa sœur ; la joie du Saint-Esprit « ne la quittait pas. Sa balance était toujours « juste et ses jugements toujours droits.

« On ne s'égarait point en suivant ses conseils ; « ils étaient précédés par ses exemples.

« Sa mort a été tranquille, comme sa vie, et « elle s'est réjouie au dernier jour... »

« Ne semble-t-il pas, en lisant ces lignes, que
« le grand Évêque ait eu à célébrer les vertus de
« la Mère vénérée que nous pleurons ?... »

Arras, imp. de la Soc. du Pas-de-Calais. P-M. Laroche, direct.

www.ingramcontent.com/pod-product-compliance
Ingram Content Group UK Ltd.
Pitfield, Milton Keynes, MK11 3LW, UK
UKHW020457180726
13839UKWH00004B/1818

9 782329 554693